BEI GRIN MACHT SICH IHR WISSEN BEZAHLT

- Wir veröffentlichen Ihre Hausarbeit, Bachelor- und Masterarbeit

- Ihr eigenes eBook und Buch - weltweit in allen wichtigen Shops

- Verdienen Sie an jedem Verkauf

Jetzt bei www.GRIN.com hochladen und kostenlos publizieren

Bibliografische Information der Deutschen Nationalbibliothek:

Die Deutsche Bibliothek verzeichnet diese Publikation in der Deutschen National-bibliografie; detaillierte bibliografische Daten sind im Internet über http://dnb.d-nb.de/ abrufbar.

Impressum:

Copyright © 2017 GRIN Verlag
Druck und Bindung: Books on Demand GmbH, Norderstedt Germany
ISBN: 9783668776340

Dieses Buch bei GRIN:

https://www.grin.com/document/437610

Konrad Altmann

Das Verhältnis von Individuum und Gesellschaft in Rolf Dieter Brinkmanns "Westwärts 1 & 2"

GRIN Verlag

Friedrich-Schiller-Universität Jena

Institut für Germanistische Literaturwissenschaft

Seminar: Westdeutsche Literaturgeschichte der 1970er und 1980er Jahre

Wintersemester 2016/2017

Das Verhältnis von Individuum und Gesellschaft in
Rolf Dieter Brinkmanns „Westwärts 1 & 2"

Wilhelm Konrad Altmann

Germanistik B.A. Kernfach

5. Fachsemester

Inhaltsverzeichnis

Einleitung

Der 1975 veröffentlichte Gedichtband „Westwärts 1 & 2" von Rolf Dieter Brinkmann war der letzte Lyrikband dieses Dichters.[1] Ziel der vorliegenden Hausarbeit soll es sein, aufzuzeigen, wie das Verhältnis von Individuum und Gesellschaft in diesem Gedichtband dargestellt wird. Hierzu sollen vorrangig die dem Sammelband seinen Namen gebenden Gedichte „Westwärts" und „Westwärts, Teil 2" analysiert werden. Diese fallen in erster Linie durch ihre zur Veröffentlichungszeit aktuellen popkulturellen Referenzen und Besonderheiten in der Form auf.

Beide Gedichte werden getrennt betrachtet, den Anfang macht dabei „Westwärts". Zunächst sollen beispielhaft einige popkulturelle Bezüge dieses Werks erklärt werden. Im nächsten Schritt erfolgt der Versuch, die popkulturellen Referenzen in dem Gedicht auf das Verhältnis von Individuum und Gesellschaft zu beziehen. Danach wird die verwendete Montagetechnik thematisiert. Die gleichen Analyseschritte erfolgen im Anschluss bei dem Nachfolgegedicht „Westwärts, Teil 2".

Den dritten Gliederungspunkt dieser Hausarbeit stellt die Analyse der Fotostrecken, die Rolf Dieter Brinkmann seinem Gedichtband vorangestellt sowie an den Schluss gehangen hat, dar. Auch hier soll versucht werden, mögliche Aussagen zur Beziehung von Individuum und Gesellschaft ausfindig zu machen und diese zu erläutern. Ein zusammenfassendes Fazit beschließt die Ausführungen.

---

[1] Vgl. Kramer, Andreas: Westwärts, in: Gunter Geduldig/Jan Röhnert (Hg.): Rolf Dieter Brinkmann. Seine Gedichte in Einzelinterpretationen, Berlin 2012, S. 825-835, hier S. 827.

1 „Westwärts"

Der Titel des Gedichts verweist auf eine real stattgefundene Flugreise Rolf Dieter
Brinkmanns gen Westen. Er überquerte im Januar 1974 den Atlantik, da er vom German
Department der University of Texas als „writer-in-residence" nach Austin eingeladen
wurde.[2] Das Gedicht, welches in drei große Abschnitte aufgeteilt ist, spiegelt inhaltlich
diese Reise und das Ankommen in den Vereinigten Staaten in Form eines „strömenden
Bewusstseins" wieder. Die Wiedergabe dieses Gedanken- und Empfindungsstroms ist
gespickt mit allerlei popkulturellen Referenzen. Eine Auswahl dieser soll nun im nächsten
Gliederungspunkt eingehender betrachtet werden.

1.1 Exemplarische Erklärungen der popkulturellen Referenzen

Ein Bezug auf die Popkultur der Entstehungs- und Ersterscheinungszeit dieses Gedichts
ist folgender: „*Ei läi in äh Field / off tohl Grass samwär.*"[3] Hierbei handelt es sich
zunächst um die lautsprachliche Transkription des englischen Satzes „I lay in a field of
tall grass somewhere." Dieser setzt sich aus bestimmten Textzeilen eines 1970
veröffentlichten Songs von Eric Burdon & War zusammen. Dieser Song heißt „Spill the
wine" und enthält die Textzeilen „When I thought I'd lay myself down to rest / in a big
field of tall grass" innerhalb der ersten Strophe sowie „I know I'm lying in a field of grass
somewhere" in einer späteren Strophe.[4]

Nicht viel später im Gedicht stößt der Rezipient auf den Ausdruck „Musik: Oh, sweet /
nothing"[5]. Hierbei handelt es sich um eine Anspielung auf den Song „Oh, sweet nuthin'"
der Musikgruppe Velvet Underground. Er erschien im Jahre 1970 auf deren Album
„Loaded".[6]

Einen Bezug zu seiner Heimat stellt der Dichter mit „[...], wer / mag schon die Bauern
Südoldenburgs besingen?"[7] her. Sein Geburtsort Vechta liegt nämlich etwa 50 Kilometer
südlich von Oldenburg, in besagtem Südoldenburg. Diese Gegend ist stark

---

[2] Vgl. ebd., S. 827f.
[3] Brinkmann, Rolf Dieter: Westwärts, in: ders.: Westwärts 1 & 2. Erweiterte Neuausgabe, Reinbek 2005,
S. 66-71, hier S. 66f.
[4] Vgl. Kramer, Andreas: Westwärts, S. 826.
[5] Brinkmann, Rolf Dieter: Westwärts, S. 67.
[6] Vgl. Kramer, Andreas: Westwärts, S. 826.
[7] Brinkmann, Rolf Dieter: Westwärts, S. 67.

landwirtschaftlich geprägt, was die Verwendung des Bauern-Begriffes erklärt.[8] Hierbei handelt es sich zwar nicht um einen Bezug zur Popkultur, man könnte die Bauern Südoldenburgs aber als einen Gegenentwurf zu dieser auffassen.

Die bereits in dieser Hausarbeit erwähnte Reise Rolf Dieter Brinkmanns in die Vereinigten Staaten spiegelt sich auch durch Anspielungen in diesem Gedicht wieder. Bei „(Villa Capri / Motor Hotel, 2400 / N. Interregional / Highway, Austin / Texas 78705)"[9] handelt es sich zum Beispiel um die Adresse des Motels am Stadtrand von Austin im US-Staat Texas.[10] Bei „*Think Trees*" sowie „*I break for Animals*"[11] handelt es sich um typische amerikanische Autoaufkleber. Auf den Aufklebern heißt es aber im Normalfall „I brake for Animals", wobei „brake" übersetzt „bremsen" bedeutet. Brinkmann verwendet allerdings das Wort „break"; in das Deutsche übersetzt heißt das „brechen" oder „pausieren".[12]

Auch eine Passage aus der Bibel findet man in Brinkmanns Gedicht, nämlich in Form von „Zitat: God works in wonderous ways."[13], wobei es sich um ein sprichwörtlich gewordenes Bibelzitat handelt, welches bereits im Gedicht selbst als Zitat angekündigt wird. Dieses Sprichwort geht auf die Psalmen zurück. Der Bezug zur Popkultur der 1970er Jahre ist, dass „God works in wonderous ways" die Schlusszeile des Songs „Red guitar" von Loudon Wainwright III[14] darstellt. Der Song ist im Jahre 1972 auf dem Album „Album III" erschienen.[15]

1.2 Interpretationsversuch der Referenzen in Bezug auf das Verhältnis von Individuum und Gesellschaft

Jedes Individuum rezipiert verschiedene popkulturelle Inhalte anders und nimmt diese individuell wahr. Diese eigene Rezeption und Wahrnehmung basiert beispielsweise auf eigenen Erfahrungen, Geschmack und Verständnis von Kunst. Insofern existiert stets eine bestimmte Verbindung des individuellen Rezipienten zu popkulturellen Inhalten bei der

---

[8] Vgl. Kramer, Andreas: Westwärts, S. 826.
[9] Brinkmann, Rolf Dieter: Westwärts, S. 68.
[10] Vgl. Kramer, Andreas: Westwärts, S. 826.
[11] Brinkmann, Rolf Dieter: Westwärts, S. 70.
[12] Vgl. Kramer, Andreas: Westwärts, S. 826.
[13] Brinkmann, Rolf Dieter: Westwärts, S. 71.
[14] Andreas Kramer spricht von Loudon Wainwright, der korrekte Name des Künstlers ist aber Loudon Wainwright III.
[15] Vgl. Kramer, Andreas: Westwärts, S. 827.

Konfrontation mit diesen. Diese Verbindung kann beispielsweise ablehnend oder auch ignorierend von Seiten des Individuums sein. Selbst im Falle des Ignorierens kann man dies so feststellen und als eine mögliche Art der Verbindung analysieren.

Im Rahmen dieser Hausarbeit stellt sich nun die Frage, ob und was sich anhand der genannten Beispiele für popkulturelle Referenzen in „Westwärts" von Rolf Dieter Brinkmann über das Verhältnis von Individuum und Gesellschaft aussagen lässt. Hier kann man, wie bei Gedichten üblich, den Ansatz der Interpretation nutzen. Als schwierig gestaltet es sich hierbei allerdings, eindeutige Aussagen dazu zu treffen, die definitiv der Intention des Autors entsprechen müssen.

Zitate wie „Musik: Oh, sweet / nothing", „*Think Trees*" oder "*I break for Animals*"[16] haben im Kontext der Amerika-Reise des lyrischen Ichs und auch des Autors die Funktion, das, was der Autor aus seiner Umwelt aufnimmt, darzustellen. Durch diese bloße Nennung der Zitate wird eine Art flüchtige Wahrnehmung signalisiert. Man könnte dies so auffassen, dass damit die Flüchtigkeit und Schnelllebigkeit der modernen Gesellschaft zum Ausdruck gebracht werden soll.

Die Eindrücke „prasseln" von allen Seiten auf das Individuum ein. Man bekommt auf einer Reise in die Vereinigten Staaten von Amerika, wie sie in dem Gedicht dargestellt wird, beispielsweise Musik zu hören. Textbeispiele sind *„Ei läi in äh Field / off tohl Grass samwär."* und „Musik: Oh, sweet / nothing". Eindrücke wie diese werden innerhalb des Gedichts aber nicht weiter kommentiert oder ausgeführt, sondern stehen hauptsächlich für sich alleine. Das lyrische Ich nimmt also etwas auf, aber äußert sich nicht direkt dazu. Dadurch wird ebenfalls die ständige „Beschallung" des Individuums mit flüchtigen Informationen in der westlichen Gesellschaft dargestellt. Das Individuum ist diesen Einflüssen in gewisser Weise ausgesetzt und kann sich diesen nicht entziehen, wenn es sich in der Öffentlichkeit, innerhalb der Gesellschaft, bewegt.

Ob die Verwendung der popkulturellen Referenzen allerdings tatsächlich derart kritisierend gemeint ist, kann so eindeutig anhand des Gedichts nicht festgestellt werden. Gegen den eben genannten Interpretationsansatz spricht die Aussage „[...], wer mag schon die Bauern Südoldenburgs besingen?", bei welcher man die Bauern aus Brinkmanns Heimat möglicherweise als Gegensatz zur modernen, westlichen Popkultur ansehen kann. Die rhetorische Frage, wer diese denn besingen möchte, lässt darauf

---

[16] Bei Zitaten, die bereits vorher in dieser Hausarbeit verwendet wurden, wird bei erneuter Verwendung nicht noch einmal die Quelle angegeben. Dadurch soll eine unnötig hohe Anzahl an Fußnoten vermieden werden.

schließen, dass das lyrische Ich diese Bauern möglicherweise als althergebracht und weit weniger „schillernd" oder interessant als beispielsweise das Großstadtleben, das im Westen wartet, einschätzt. Der dortige Lifestyle steht, eben anders als die „Bauern Südoldenburgs", für die Popkultur der Entstehungs- und Veröffentlichungszeit dieses Gedichts, der 1970er Jahre.

Teilweise lassen sich die popkulturellen Bezüge auch als ironische Kommentare des lyrischen Ichs zu dem grade Erlebten deuten. Dies funktioniert beispielsweise bei „Musik: Oh, sweet / nothing". Als aufgeschnappte Liedzeile dient die Song-Anspielung als Kommentar zu der in diesem Moment vom lyrischen Ich überflogenen amerikanischen Hauptstadt Washington.[17] Nach diesem Interpretationsansatz ist die im Gedicht erwähnte Anspielung auf Musik also nichts, was das Individuum gerade in dem Moment in Form von Songs zu hören bekommt, sondern was bereits vorher aufgeschnappt wurde und schon so sehr im Kopf verwurzelt ist, dass man in bestimmten Situationen daran denkt.

1.3 Was bewirkt die Montagetechnik in diesem Gedicht?

Bei „Westwärts" handelt es sich um ein Flächengedicht. Seine formale Gestalt führt zu dieser Bezeichnung. Das Gedicht besteht aus drei Teilen. Dabei sind der erste sowie der dritte Teil durch ein unruhiges Druckbild gekennzeichnet. Die Länge und Gestaltung der Zeilen und Zeilengruppen variieren innerhalb des Gedichts sehr stark.[18]

Die Zeilen und Zeilengruppen sind teils versetzt angeordnet, zum Teil linksbündig oder aber auch sowohl linksbündig als auch versetzt. Man findet treppenförmig anfangende Zeilen sowie Zeilen, bei denen man den Umbruch nicht eindeutig nachvollziehen kann, in diesem Gedicht vor. Einige Passagen sind mehrspaltig angeordnet.[19] Diese formalen Besonderheiten sind durch das Verwenden einer Montagetechnik entstanden. Eine Spannung zwischen horizontaler und vertikaler Leserichtung wird erzeugt[20] und das gewöhnliche Lesen in einer bestimmten Reihenfolge wird nahezu unmöglich gemacht; würde man das Gedicht vortragen wollen, würde sich dies als äußerst schwierig gestalten, da man die genaue Reihenfolge nicht wüsste oder es, genauer gesagt, eigentlich gar keine gibt. Das Gedicht lebt schließlich von seinem Druckbild, dessen Formalitäten man auch

---

[17] Vgl. Kramer, Andreas: Westwärts, S. 830.
[18] Vgl. ebd., S. 828.
[19] Vgl. ebd.
[20] Vgl. ebd.

auf eine inhaltliche Ebene übertragen kann. Im Folgenden soll die Frage beantwortet werden, was die verwendete Montagetechnik in Bezug auf den Inhalt und die Aussage des Gedichts bewirkt.

Zumeist wird die graphische Form von „Westwärts" als eine Entsprechung des im Gedicht dargestellten Ausdrucks der Isolierung und Fragmentierung des lyrischen Ichs verstanden.[21] Einzelne, fragmentierte Gedanken, Wahrnehmungen und Handlungen entsprechen nach dieser Betrachtungsweise also dem isolierten, fragmentierten und in der Gesellschaft geradezu verlorenen Individuum. Mal findet es hier einen „Anker" zum kurzen Verweilen, mal dort, doch letztendlich wird es stets wieder recht schnell zu anderen Gedanken, Wahrnehmungen oder Handlungen getrieben. Die vielen vereinzelten graphischen Formen drücken dementsprechend diese Verlorenheit oder auch Unruhe des Individuums innerhalb der Gesellschaft aus.

Im zweiten Teilabschnitt von „Westwärts" findet man nicht viel von der ansonsten das Gedicht prägenden Montagetechnik. 15 rhythmisierte dreizeilige Strophen sowie eine abschließende zweizeilige Strophe kennzeichnen diesen Abschnitt. Somit ist hier eine weitaus konventionellere lyrische Form vertreten als im ersten und dritten Gedichtabschnitt.[22] Dieser Teil stellt ein surrealistisches Zwischenspiel dar. Dieses enthält gleitende Übergänge von Raum und Zeit, welche traumartig strukturiert sind. Die unmittelbare Wirklichkeit wird durch entworfene Bilder und Szenen überschritten und in eine Wunsch- oder Traumwirklichkeit umgewandelt. Motive wie ein Park, die Nacht und Gras sind zwar etwas vom Menschen geschaffenes, bieten aber in diesem in Strophen verfassten Gedichtabschnitt dennoch das Entrinnen des Individuums in eine Traumwirklichkeit.[23] Lediglich am Ende dieses Teils, im Übergang zum dritten Abschnitt, beginnt Brinkmann wieder mit der Verwendung der Montagetechnik. Dies geschieht durch das rechts neben dem abschließenden Zweizeiler beginnende, in den dritten Teil hineinreichende und in Klammern stehende Textfragment.[24]

Der dritte Gedichtabschnitt zeichnet sich wieder durch seine variable Druckbildgestaltung aus. Auch hier finden sich, wie im ersten Teil auch, viele Hinweise darauf, dass die Montagetechnik eine inhaltliche Komponente besitzt. Ein Beispiel ist die

---

[21] Vgl. ebd., S. 829.
[22] Vgl. ebd., S. 831.
[23] Vgl. ebd.
[24] Vgl. Brinkmann, Rolf Dieter: Westwärts, S. 70.

Textstelle „Da bin / / / ich / / in diesem enormen / Raum, [...]"[25]. Das ausgesparte Druckbild verdeutlicht den „enormen Raum" um das lyrische Ich.[26]

Bis zu dem Querstrich[27] wird eine strukturelle inhaltliche Aufteilung deutlich. Der „enorme Raum" enthält zum einen Elemente der Konsum- und Warenwelt, welche überwiegend auf der linken Seite angeordnet sind. Diese können als Sinnbild für den Westen schlechthin stehen. Das Individuum ist gezwungen, sich mit der Zeit in diese Konsumwelt einzuleben. Dem gegenüber stehen auf der rechten Seite Möglichkeiten des Individuums, sich diesen Elementen der Konsum- und Warenwelt zu entziehen.[28] Dass das Vorhandensein eines gespaltenen lyrischen Ichs durch die Montagetechnik dargestellt werden kann, wird anhand dieses Beispiels sehr gut deutlich.

Durch die weitgehend aufgesplittete Form der gestalteten Fläche können bei mehrmaligem Lesen immer wieder neue Lesereihenfolgen und damit neue Bezüge hergestellt werden. So ergibt sich aus der Verwendung der Montagetechnik, die zu einer solchen Flächenform des Gedichts führt, die Möglichkeit, dass der Leser aktiv am Aufbau eines Sinnzusammenhangs teilnehmen kann. Die Besonderheiten in der Form des Gedichts „Westwärts" haben also eine konstruktive Funktion.[29]

2 „Westwärts, Teil 2"

„Westwärts, Teil 2" ist die Erweiterung und das Pendant zum ersten „Westwärts"-Gedicht. Es ist vermutlich im selben Zeitraum wie „Westwärts" entstanden, nämlich im Frühjahr und/oder Sommer 1974.[30] Inhaltlich beginnt und endet das Gedicht mit der real stattgefundenen Rückankunft Brinkmanns am Kölner Flughafen nach seiner Reise in die Vereinigten Staaten und der anschließenden Fahrt in die Stadt Köln. Der situative Rahmen ist bedeutend enger als im Vorgängergedicht „Westwärts".[31] „Doch wird auch in diesem Gedicht die erlebte Gegenwart in raumzeitlicher Hinsicht erheblich ausgeweitet."[32] Auch in diesem Gedicht lassen sich wieder Besonderheiten in der Form

---

[25] Ebd.
[26] Vgl. Kramer, Andreas: Westwärts, S. 833.
[27] Vgl. Brinkmann, Rolf Dieter: Westwärts, S. 71.
[28] Vgl. Kramer, Andreas: Westwärts, S. 833.
[29] Vgl. Kramer, Andreas: Westwärts, S. 834f.
[30] Vgl. Kramer, Andreas: Westwärts, Teil 2, in: Gunter Geduldig/Jan Röhnert (Hg.): Rolf Dieter Brinkmann. Seine Gedichte in Einzelinterpretationen, Berlin 2012, S. 836-846, hier S. 839.
[31] Vgl. ebd., S. 840.
[32] Ebd.

sowie ein breit gefächertes Netz von Bezügen auf die Popkultur finden.[33] Der Erklärung einiger dieser Referenzen soll der nächste Gliederungspunkt der vorliegenden Hausarbeit dienen.

2.1 Exemplarische Erklärungen der popkulturellen Referenzen

Wie in „Westwärts" finden sich auch in „Westwärts, Teil 2" Anspielungen auf Songs. Eine Textstelle, die dazu als Beispiel dient, ist „[…] ich möchte wirklich, ehe ich in den großen Schlaf / falle, den Schrei eines Schmetterlings hören, / / mit dem Kopf auf der Erde."[34] Diese Passage bezieht sich auf den Song „When the music's over" der Band The Doors. Veröffentlicht wurde dieses Musikstück auf dem Album „Strange Days" von 1967. Der Songtext enthält die Zeilen „Before I sink into the big sleep / I want to hear the scream of the butterfly."[35] Die ersten zwei Zeilen der erwähnten Textstelle in Brinkmanns Gedicht, also „[…] ich möchte wirklich, ehe ich in den großen Schlaf / falle, den Schrei eines Schmetterlings hören, […]", ist also eine ungefähre Übersetzung dieser Songzeilen in die deutsche Sprache. In dem Doors-Song findet sich ebenso die Textstelle „I hear a very gentle sound / With your ear down to the ground". Brinkmanns „[…] mit dem Kopf auf der Erde." ist demnach ein abgewandeltes, in das Deutsche übersetztes Zitat aus diesem Song.[36]

Eine Referenz auf den Titel eines berühmten US-Nachrichtenmagazins stellt „*(face the / nation?)*"[37] dar. Dieses Magazin nennt sich, eben wie man es auch in Brinkmanns Gedicht lesen kann, Face the Nation. Es wird seit 1954 wöchentlich ausgestrahlt. Führende Politiker werden darin zu jeweils aktuellen Zeitfragen interviewt.[38]

Der Satz „Sonnenblumen und Schnellzüge, die durch die finstere Ebene rasen, erinnern mich an amerikanische Poesie."[39] enthält eine Anspielung auf das 1955 veröffentlichte Gedicht „Sunflower sutra" von Allen Ginsberg. Dieses ist ein äußerst berühmtes Gedicht der Beat-Generation. Inhaltlich geht es darin darum, dass eine Lokomotive zur Vision

---

[33] Vgl. ebd.
[34] Brinkmann, Rolf Dieter: Westwärts, Teil 2, in: ders.: Westwärts 1 & 2. Erweiterte Neuausgabe, Reinbek 2005, S. 72-86, hier S. 75.
[35] Vgl. Kramer, Andreas: Westwärts, Teil 2, S. 837.
[36] Vgl. Ebd.
[37] Brinkmann, Rolf Dieter: Westwärts, Teil 2, S. 76.
[38] Vgl. Kramer, Andreas: Westwärts, Teil 2, S. 838.
[39] Brinkmann, Rolf Dieter: Westwärts, Teil 2, S. 78.

einer riesigen Sonnenblume im Licht der Abendsonne wird.[40] Durch diesen Inhalt sollte ein Zeichen gegen die „naturzerstörende Gewalt der technischen Zivilisation"[41] gesetzt werden. In der nachfolgenden Zeile in Brinkmanns „Westwärts, Teil 2" steht: „Das ist Jack Kerouac gewidmet."[42] Dieser Schriftsteller gehörte ebenfalls der Beat-Generation an und wurde durch sein Buch „On the road" von 1957 berühmt. Er wird außerdem in Ginsbergs „Sunflower sutra" erwähnt.[43]

An späterer Stelle findet man in Rolf Dieter Brinkmanns Gedicht erneut Anspielungen auf das Gedicht „Sunflower sutra" von Allen Ginsberg. In diesem sind die Zeilen „Poor dead flower? When did you forget you were a flower?" enthalten.[44] Rolf Dieter Brinkmann spielt mit seiner Textpassage „Einer / schrie, Sonnenblumen, Sonnenblumen, warum / habt ihr vergessen, daß [sic!] ihr Sonnenblumen / seid und seid kaputt?"[45] auf Ginsbergs Gedichtzeilen an.[46]

Gegen Ende von „Westwärts, Teil 2" findet man weitere Anspielungen auf Musikstücke. „*(Ticket To Ride?)*" bezieht sich auf den Songtitel „Ticket to Ride" der Beatles. Dieser Song ist 1965 auf dem Album „Help!" erschienen.[47] Auch der Titel eines Lieds von Lou Reed lässt sich in „Westwärts, Teil 2" entdecken: Brinkmann spielt mit der Zeile „*just a perfekt day*"[48] auf den Song „Perfect Day" aus dem Album „Transformer" an.[49] Der Songtext „handelt von einer Beziehung zwischen Mann und Frau, die trotz egoistischen Begehrens und Drogenmissbrauchs von Nähe und Intimität gekennzeichnet ist."[50]

2.2 Interpretationsversuch der Referenzen in Bezug auf das Verhältnis von Individuum und Gesellschaft

Auch in diesem Gedicht soll durch die popkulturellen Referenzen etwas ausgesagt werden. Versucht man die Anspielungen zu interpretieren, fällt auf, dass einige so verwendet werden, dass sie bestimmte Ansichten oder momentane Gefühlszustände des

---

[40] Vgl. Kramer, Andreas: Westwärts, Teil 2, S. 838.
[41] Ebd.
[42] Brinkmann, Rolf Dieter: Westwärts, Teil 2, S. 78.
[43] Vgl. Kramer, Andreas: Westwärts, Teil 2, S. 838.
[44] Vgl. ebd., S. 839.
[45] Brinkmann, Rolf Dieter: Westwärts, Teil 2, S. 83.
[46] Vgl. Kramer, Andreas: Westwärts, Teil 2, S. 839.
[47] Vgl. ebd.
[48] Brinkmann, Rolf Dieter: Westwärts, Teil 2, S. 86.
[49] Vgl. Kramer, Andreas: Westwärts, Teil 2, S. 839.
[50] Ebd.

lyrischen Ichs widerspiegeln. So zum Beispiel das Songtextzitat der Doors. Das Individuum drückt mit seiner sinngemäßen Übersetzung der Textzeilen in das Deutsche aus, dass es den Wunsch hegt, vor dem eigenen Tod eine phantastische Umwandlung der Wirklichkeit zu erleben[51], im übertragenen Sinne also „den Schrei eines Schmetterlings hören" möchte.

Ähnlich verhält es sich bei den Anspielungen „(*Ticket to Ride?*)" sowie „*just a perfekt day*". Diese sind ebenfalls Referenzen auf Songs, die dem Individuum bei der Situation, die in der zwischen diesen beiden Zitaten stehenden Zeile „Romanze: Mein Schwanz (Penis) in Deine Fut (Vagina),"[52] beschrieben wird, in den Sinn kommen und so in einen vulgären, obszönen Kontext gerückt werden.[53] Die Songtitel bekommen somit durch diesen obszönen Rahmen eine Bedeutungsebene, die wohl an dieser Stelle ursprünglich nicht die Intention der Beatles und von Lou Reed war. Das Individuum nutzt also Referenzen auf in der damaligen Gesellschaft bekannte Songs, um deren Worte individuell auf seine eigenen Wahrnehmungen zu beziehen.

Auch die Verweise auf das Gedicht „Sunflower sutra" von Allen Ginsberg lassen sich in Bezug auf das Verhältnis von Individuum und Gesellschaft interpretieren. Wie bereits erwähnt, handelt es sich bei Ginsbergs Gedicht um eine Art Statement gegen den Technisierungswahn und die Naturzerstörung. Dass Brinkmann die Zeilen „Einer / schrie, Sonnenblumen, Sonnenblumen, warum / habt ihr vergessen, daß [sic!] ihr Sonnenblumen / seid und seid kaputt?" verwendet, lässt sich so deuten, dass zwar ein Protest der damals jungen Generation mit Worten stattfand.[54] Jedoch deutet eine vorhergehende Zeile bereits ein gewisses Scheitern dieses Protests an: „ja, Sonnenblume, du bist vergessen :"[55], mit der Sonnenblume aus Ginsbergs Gedicht als Sinnbild für eine Überwindung des Technisierungswahns, welche allerdings vergessen ist. Das lyrische Ich, das Individuum, resümiert also unter Verwendung popkultureller Referenzen über Geschehnisse in der Gesellschaft.

---

[51] Vgl. ebd., S. 841.
[52] Brinkmann, Rolf Dieter: Westwärts, Teil 2, S. 86.
[53] Vgl. Kramer, Andreas: Westwärts, Teil 2, S. 839.
[54] Vgl. Kramer, Andreas: Westwärts, Teil 2, S. 845.
[55] Brinkmann, Rolf Dieter: Westwärts, Teil 2, S. 82.

2.3 Was bewirkt die Montagetechnik in diesem Gedicht?

„Westwärts, Teil 2" ist in sechs Abschnitte aufgegliedert. Das Gedicht besitzt im Vergleich zu „Westwärts" also die doppelte Anzahl an Teilabschnitten. Im Druck enthält es allerdings ungefähr den dreifachen Umfang in Gegenüberstellung zum Vorgängergedicht „Westwärts".[56]

Auffällig sind auch hier wieder die Besonderheiten in der Form: Der Dichter Rolf Dieter Brinkmann hat ein weiteres Mal die Montagetechnik genutzt. Somit ist „Westwärts, Teil 2" ebenso ein Flächengedicht. In der einzelnen Gestaltung unterscheiden sich die verschiedenen Abschnitte voneinander. Die Besonderheiten in der Darstellungsform können ebenso wie im Pendantgedicht auf einer inhaltlichen Ebene gedeutet werden. Sie unterstreichen somit bestimmte, bereits durch die Wortwahl angedeutete Aussagen.

Der erste Teilabschnitt des Gedichts ist ein Paradebeispiel für die Verwendung der Montagetechnik. Er beinhaltet „eine variable Handhabung der Druckzeilen bis hin zur Doppelspaltigkeit, führt gleichzeitig aber durch links-, mittel- oder fast rechtsbündige Anordnung sowie leiter- bzw. treppenartige Zeilenanfänge Elemente relativer Ordnung ein."[57] Die Montagetechnik wird im zweiten Gedichtabschnitt zunächst fortgeführt. Die hier anfangs vorzufindende Doppelspaltigkeit unterstreicht optisch den Gegensatz zwischen Individuum und Gesellschaft.[58] Eigene Erfahrungen, Wahrnehmungen und Beaobachtungen finden sich auf der linken Seite, die Beschreibung der Handlungen anderer Menschen, die scheinbar bei Tierexperimenten im Labor zugange sind auf der rechten Seite.[59] Plötzlich erfolgt aber eine Abkehr von der fragmentierten Darstellungsweise zu einer regelmäßigen Form dreizeiliger Strophen, vier Stück an der Zahl.[60] Diese Form suggeriert einen alternativen Erfahrungsraum des Individuums.[61] Noch innerhalb des zweiten Teilabschnitts wird diese regelmäßige Strophenform aber schrittweise wieder aufgebrochen, wodurch das Gedicht auch inhaltlich, auf der Ebene der Wahrnehmung des Individuums, wieder eine Wandlung durchlebt: „Zwei anaphorische Zwischenstrophen, die die dreizeilige Form in noch unruhigen Versen

---

[56] Vgl. Kramer, Andreas: Westwärts, Teil 2, S. 839f.
[57] Ebd., S. 840.
[58] Vgl. ebd., S. 841.
[59] Vgl. Brinkmann, Rolf Dieter: Westwärts, Teil 2, S. 75.
[60] Vgl. ebd, S. 75f.
[61] Vgl. Kramer, Andreas: Westwärts, Teil 2, S. 841.

aufgreifen, skizzieren einen Übergang vom eher transporttechnisch bedingten Verdunkeln der Augen zu einem erinnernden oder traumhaften Sehen."[62]

Der dritte Teil des Gedichts mag den einen oder anderen Leser aufgrund seiner für dieses Gedicht ungewöhnlichen Darstellungsform überraschen: Es ist in einer poetischen Prosaform geschrieben[63], liest sich also von der Form her wie beispielsweise ein Romantext. Rolf Dieter Brinkmann versucht durch diese Art der Darstellung, die Thematik des Vergessens der eigenen Herkunft und der sich daraus ergebenden Freiheit[64] für das Individuum nüchtern-analysierend darzustellen.[65]

Im vierten Abschnitt greift Brinkmann das Motiv der Heimkehr in Form eines recht kurzen Teils auf.[66] Der Gedichtabschnitt besteht gerade einmal aus 19 reinen Textzeilen und zusätzlich darin unregelmäßig angeordneten Leerräumen. Die Zeilen sind, nachdem dies im vorhergehenden prosaförmigen Teil gar nicht vorhanden war, wieder durchweg im fragmentierten, mitunter mehrspaltigen Montagestil angeordnet.[67]

Auf diesen kurzen Gedichtabschnitt folgt der längste Teil von „Westwärts, Teil 2". In ihm sind alle bisher aufgetretenen formalen Mittel zu finden. Das Gedicht enthält die „verstreute", fragmentierte Zeilenform, einzelne oder mehrere aufeinanderfolgende Strophen und Prosaform.[68] Der sechste und damit letzte Teil des Gedichtes birgt ein ähnliches Potenzial, dem Leser als recht chaotisch angeordnet zu erscheinen. Dies geschieht durch die „ganz ähnliche Variabilität der Zeilen- und Versgestaltung"[69]. Mit Ausnahme der Prosaform erfolgt auch hier wieder die Verwendung von durcheinander angeordneten Zeilenfragmenten sowie rhythmisierten Strophenfolgen.[70] Die erste dieser rhythmisierten Strophenfolgen wird genutzt, die Wahrnehmung des Individuums für den Leser auf seine wirkliche, körperliche Gegenwart zu begrenzen.[71] Sobald seine abstrakten Gedanken wieder präsentiert werden, schwankt die Form des Gedichtes wieder in die Flächengestaltung um. Die zweite rhythmisierte Strophenzusammenstellung schränkt sich nicht so stark auf die rein körperliche Gegenwart ein wie die erste. Das Gehen durch eine Stadt wird dargestellt und mit eigenen Überlegungen des lyrischen Ichs gespickt:

---

[62] Ebd., S. 841f.
[63] Vgl. ebd., S. 842.
[64] Vgl. Brinkmann, Rolf Dieter: Westwärts, Teil 2, S. 77.
[65] Vgl. Kramer, Andreas: Westwärts, Teil 2, S. 842.
[66] Vgl. ebd., S. 843.
[67] Vgl. Brinkmann, Rolf Dieter: Westwärts, Teil 2, S. 77f.
[68] Vgl. Kramer, Andreas: Westwärts, Teil 2, S. 843f.
[69] Ebd., S. 845.
[70] Vgl. ebd., S. 845.
[71] Vgl. ebd.

„Eine grün / gestrichene Eisentür / leuchtet, […], als ob ein / / Maler sie verzückt / grün angestrichen / hätte, und ist / / ohne zu erklären / fortgegangen."[72] Ab dem Punkt, an dem die Strophenstruktur wieder aufgelöst wird, folgen einige Fragestellungen des lyrischen Ichs wie „Was ist mit den Zahlen? / Was ist mit den Klammern?"[73] oder „Warum schließt du die Augen, westwärts?"[74]. Das Gedicht schließt mit den Zeilen „Ich schleppte meinen Koffer zu der Haltestelle. Jenseits / der Betonflächen mit Spuren dünnen Lichts begann der Nachmittag, / westwärts."[75] Dieses Ende des Gedichts stellt die vorher angedeutete Hässlichkeit der Stadtlandschaft augenblicksweise in einem poetischen Licht dar.[76]

Insgesamt betrachtet verdeutlicht die Montagetechnik ein offenes Bewusstsein eines Individuums, das seine Umwelt sehr stark wahrnimmt, jedoch wenig strukturiert und ordnet.[77] Diese Feststellung lässt sich sowohl für „Westwärts" als auch für „Westwärts, Teil 2" treffen.

3 Bedeutung der Fotofolgen des Gedichtbands „Westwärts 1 & 2" in Bezug auf das Verhältnis von Individuum und Gesellschaft

Spricht man von einem stark wahrnehmenden Bewusstsein, das jedoch wenig strukturiert, lässt sich dies nicht nur in den Gedichten „Westwärts" und „Westwärts, Teil 2", sondern auch anderweitig in Brinkmanns Werk entdecken. Dazu muss man sich nicht einmal zwingend mit den Gedichten des Autors auseinandersetzen. Rolf Dieter Brinkmann nutzte weitere Mittel, um sich künstlerisch auszudrücken. So finden sich am Anfang und am Ende seines Gedichtbands „Westwärts 1 & 2" Fotographien. Welche Aussagekraft diese in Bezug auf das Verhältnis von Individuum und Gesellschaft besitzen, soll in diesem Gliederungspunkt der vorliegenden Hausarbeit zu erläutern versucht werden.

Laut Maleen Brinkmann, der Witwe des verstorbenen Dichters[78], welche den Nachlass aufbewahrt, wurden die Fotos in Austin, Rom, Olevano, Vechta, Köln und Longkamp

---

[72] Brinkmann, Rolf Dieter: Westwärts, Teil 2, S. 86.
[73] Ebd.
[74] Ebd.
[75] Ebd.
[76] Vgl. Kramer, Andreas: Westwärts, Teil 2, S. 846.
[77] Vgl. von Petersdorff, Dirk: Intermedialität und neuer Realismus. Die Text-Bild-Kombinationen Rolf Dieter Brinkmanns, in: Wolf Gerhard Schmidt/Thorsten Valk (Hg.): Literatur intermedial. Paradigmenbildung von 1918-1968, Berlin 2009, S. 361-377, hier S. 369.

[78] Vgl. http://www.brinkmann-literatur.de/002Kurzbiografie.html (letzter Aufruf: 05.04.2017).

aufgenommen.[79] Was genau innerhalb der Bilder dargestellt wird, lässt sich oft nicht gut erkennen. Teilweise sind die Aufnahmen recht unscharf.[80]

Die vordere und hintere Fotostrecke enthalten insgesamt 144 einzelne, in schwarz, weiß und Grautönen gehaltene Bilder. Die Motive, die am meisten verwendet wurden, sind Bäume. 55 der 144 Bilder stellen Fotographien von Bäumen dar. Bei diesen 55 Fotos sind noch nicht die Bilder mit einberechnet, die nicht ausschließlich, aber unter anderem Bäume zeigen. Des Weiteren enthalten die Bilderfolgen noch andere Naturmotive.[81]

Im Gegensatz zu den Darstellungen der Natur stehen Fotographien von zum Beispiel Straßenkreuzungen, Ampeln, Schildern, Autos, Hochhäusern, Brücken, Hinterhöfen, Denkmälern, dem Autor selbst oder leicht bekleideten Frauen.[82] Diese Motive lassen sich als Darstellungen der Zivilisation, welche mit denen der Natur in Kontrast stehen, zusammenfassen.[83]

Die Zivilisation und somit das moderne gesellschaftliche Leben werden hierbei vor allem von ihrer hässlichen Seite gezeigt. Ein Verfall der Zivilisation und damit der Gesellschaft wird dargestellt. Dies wird vor allem an Bildern deutlich, die beispielsweise verrottete Denkmäler, zugemauerte Fenster, nicht fertiggestellte Gebäude, Hinterhöfe oder Abwasserrohre zeigen. Die fotographierten Schilder beinhalten Vorschriften und Verbote.[84] Die Darstellungen der Zivilisation vermitteln in ihrer Gesamtheit einen ziemlich tristen Eindruck.

Die Bäume sind diesen Zivilisationseindrücken kontrastiv entgegengestellt. Zumeist sieht man Baumkronen. Die Perspektive, aus der die Fotographien aufgenommen wurden, erweist sich als auffällig. Die Fotos sind fast durchweg aus der Untersicht geschossen worden. Die Verflechtung der Bilder von Zivilisation und Natur soll möglicherweise ausdrücken, dass man als Individuum nicht die Möglichkeit hat, zwischen diesen zwei „Welten" zu unterscheiden, da sie trotz ihrer Gegensätze miteinander verwoben und am Ende Teil einer Welt sind. Darauf könnte das thematische „Durcheinander" zwischen Natur und Zivilisation innerhalb der Bildstrecken anspielen. Andererseits könnte man die Darstellungen auch so deuten, dass die Natur, dargestellt durch die Bäume, dem

---

[79] Vgl. von Petersdorff, Dirk: Intermedialität und neuer Realismus. Die Text-Bild-Kombinationen Rolf Dieter Brinkmanns, S. 369f.
[80] Vgl. ebd., S. 370.
[81] Vgl. ebd., S. 371.
[82] Vgl. ebd., S. 370.
[83] Vgl. ebd., S. 372.
[84] Vgl. ebd.

Individuum eine Zuflucht vor einer verkommenen, zerfallenen Gesellschaft und vor einer als hässlich empfundenen Zivilisation bieten kann.[85]

Fazit und Ausblick

Untersucht man Rolf Dieter Brinkmanns „Westwärts", „Westwärts, Teil 2" sowie die Fotofolgen von „Westwärts 1 & 2" auf das Verhältnis von Individuum und Gesellschaft, so kann man feststellen, dass man eine große Fülle an Anhaltspunkten vorfindet, durch welche man etwas zu der Thematik aussagen kann. Oft sind mehrere Interpretationen möglich, als Beispiel dient die in dieser Hausarbeit auf verschiedenen Weisen erläuterte Textstelle „Musik: Oh, sweet / nothing". Die definitive Deutung bleibt wohl am Ende immer dem individuellen Rezipienten für sich selbst überlassen.

Sicherlich können noch etliche weitere interessante Aspekte in Rolf Dieter Brinkmanns Werk auf das Verhältnis von Individuum und Gesellschaft untersucht werden. Dies soll aber an anderer Stelle geschehen, damit der inhaltliche Rahmen der vorliegenden Hausarbeit nicht gesprengt wird. Die Beschäftigung mit der ausgefallenen, aber auch sehr ausgeklügelten und bedeutungsschwangeren Kunst Rolf Dieter Brinkmanns macht deutlich, wieso dieser Dichter auch Jahrzehnte nach seinem Tod noch eine solche literarische Relevanz besitzt.

Literaturverzeichnis

Primärliteratur:

Brinkmann, Rolf Dieter: Westwärts, in: ders.: Westwärts 1 & 2. Erweiterte Neuausgabe, Reinbek 2005, S. 66-71.

Brinkmann, Rolf Dieter: Westwärts, Teil 2, in: ders.: Westwärts 1 & 2. Erweiterte Neuausgabe, Reinbek 2005, S. 72-86.

Sekundärliteratur:

Kramer, Andreas: Westwärts, in: Gunter Geduldig/Jan Röhnert (Hg.): Rolf Dieter Brinkmann. Seine Gedichte in Einzelinterpretationen, Berlin 2012, S. 825-835.

Kramer, Andreas: Westwärts, Teil 2, in: Gunter Geduldig/Jan Röhnert (Hg.): Rolf Dieter Brinkmann. Seine Gedichte in Einzelinterpretationen, Berlin 2012, S. 836-846.

von Petersdorff, Dirk: Intermedialität und neuer Realismus. Die Text-Bild-Kombinationen Rolf Dieter Brinkmanns, in: Wolf Gerhard Schmidt/Thorsten Valk (Hg.): Literatur intermedial. Paradigmenbildung von 1918-1968, Berlin 2009, S. 361-377.

Internetquellen:

http://www.brinkmann-literatur.de/002Kurzbiografie.html (letzter Aufruf: 05.04.2017).